숨결

숨·결

정장화

책나무 출판사

목차

숨 3

길에는 길동무가 있다

숨 1

1

첫눈 오는 날
외줄기 딱새 울음
애끊는 나날

덤불 서리꽃

햇살에 입 맞추네

반짝 백일몽

3

억새꽃 가족
물에서 수런수런
울음기 도네

4

꽃잎 떨어져
물가에 머뭇머뭇
그래 잠깐만

쥐꼬리 햇볕

가을 깊어 서러운

여치 이야기

6

아뿔싸 저승
꽃 두고 임도 두고
꿈나비 가네

7

바스락 낙엽
바람을 기다리네
갈 곳 모르고

8

꿈 실은 날개

잠시 한 철 낡았네

헐떡이는 숨

담쟁이 길손
문 앞에 서성이네
해거름 골목

9

10

오지 않는 봄
새벽눈 걸음걸음
또 하루 물배

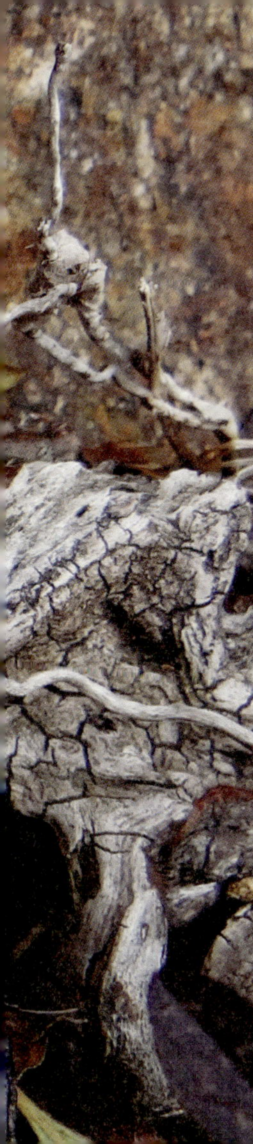

숨 2

11

빙판 언저리
옹기종기 오리떼
점점이 온기

불볕 속 갑충
목숨을 잇는구나
너는 너대로

12

13

옥류동 새순
햇님한테 옹알이
달달한 귀맛

14

잠 덜 깬 산벚
꿀벌이 보채누나
너는 내 목숨

15

아기 바늘잎

뾰족뾰족 기지개

봄을 깨우네

비이슬 흠뻑

솜털 촘촘 어린잎

수정 때때옷

16

17

숲속 낮은 곳
애기나리 피었네
임이 오실까

18

긴 잎샘 추위
때죽나무 가지 끝
초록별 총총

늦둥이 푸새

자고 나니 된서리

어이 할거나

19

20

꽃바위 비탈
앙버틴 목숨이여
살아야 하네

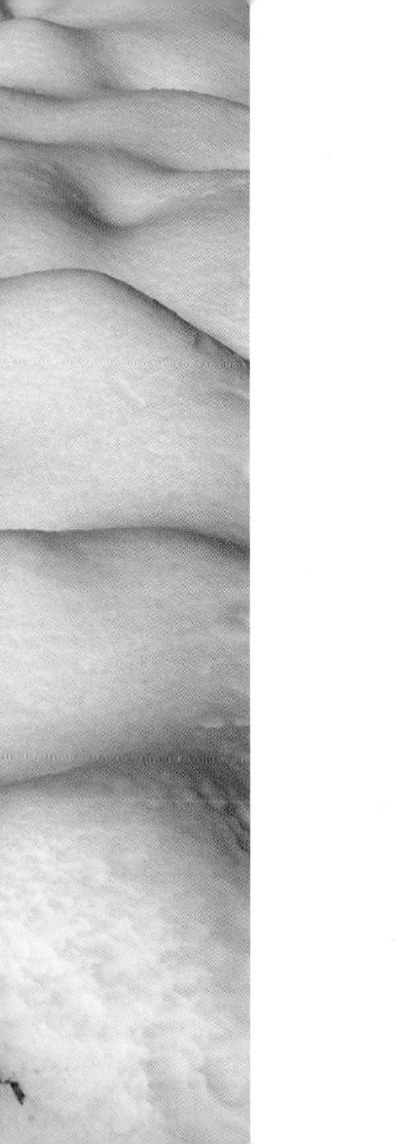

숨 3

21

꽃나비 동무
멧새똥 산골 별미
물오른 나래

22

새끼 너구리
첫 하늘 풀꽃 내음
호기심 솔솔

23

하늘가 맴맴
볕바른 그루터기
짱아 꽃자리

24

금대암 붓꽃
건넛산에 귀 쫑긋
뻐꾸기 타령

시린 얼음장

아장아장 작은 새

목마른 아침

25

26

천년 바위옷

터줏대감 메뚜기

볕살 좋구나

살뜰한 봄볕
방긋방긋 산수유
벌나비 잔치

27

28

산안개 활짝
어슴푸레 진달래
거기 있구나

29

얼굴 가까이
단풍 든 바위 이끼
너도 곱구나

물찬 수달래

벽계수에 눈웃음

꽃분홍 순정

30

이 도서의 국립중앙도서관 출판예정도서목록(CIP)은 서지정보유통지원시스템
홈페이지(http://seoji.nl.go.kr)와 국가자료공동목록시스템(http://www.nl.go.kr/kolisnet)에서
이용하실 수 있습니다. (CIP제어번호 : CIP2018039498)

숨·결

초판 1쇄 발행 2019년 1월 1일

지은이 정장화

펴낸곳 책나무출판사 **펴낸이** 임병천
출판신고 2004년 4월 22일(제318-00034)

주소 서울시 영등포구 신길3동 325-70 3F
전화 02-338-1228 **팩스** 0505-866-8254
홈페이지 www.booktree.info

ISBN 978-89-6339-598-2 02810